BEI GRIN MACHT SICH IHR WISSEN BEZAHLT

AF138436

- Wir veröffentlichen Ihre Hausarbeit,
  Bachelor- und Masterarbeit

- Ihr eigenes eBook und Buch -
  weltweit in allen wichtigen Shops

- Verdienen Sie an jedem Verkauf

Jetzt bei www.GRIN.com hochladen und kostenlos publizieren

Exposé zum Einsatz von agilen Arbeitsmethoden in der Serien-Stoffentwicklung von Filmproduktionen

Mario Ziemkendorf

Bibliografische Information der Deutschen Nationalbibliothek:

Die Deutsche Nationalbibliothek verzeichnet diese Publikation in der Deutschen Nationalbibliografie; detaillierte bibliografische Daten sind im Internet über http://dnb.d-nb.de abrufbar.

ISBN: 9783346782151
Dieses Buch ist auch als E-Book erhältlich.

© GRIN Publishing GmbH
Nymphenburger Straße 86
80636 München

Alle Rechte vorbehalten

Druck und Bindung: Books on Demand GmbH, Norderstedt Germany
Gedruckt auf säurefreiem Papier aus verantwortungsvollen Quellen

Das vorliegende Werk wurde sorgfältig erarbeitet. Dennoch übernehmen Autoren und Verlag für die Richtigkeit von Angaben, Hinweisen, Links und Ratschlägen sowie eventuelle Druckfehler keine Haftung.

Das Buch bei GRIN: https://www.grin.com/document/1306763

Hausarbeit

zum Thema

Der Einsatz von agilen Arbeitsmethoden in der Stoffentwicklungsphase des Filmproduktionsprozesses.

Masterstudiengang
„Medienrecht- und Management – Digital Media Law and Management"
(MBA)
Modul: V5

[19.07.2021]

"Unsere Abnehmer sind die Sender", behaupten TV-Produzenten gern.
Diese Haltung ist genauso borniert, wie wenn Softwareentwickler behaupten würden, ihre
Abnehmer seien die Computerfirmen, mit den eigentlichen Anwendern ihrer
Softwarelösungen hätten sie nichts zu tun."

(Van Wyngaarden 2018, S. 36)

Inhaltsverzeichnis

1. Einführung

Filmproduktionsunternehmen sind in ihrer gegenwärtigen Arbeitsweise und ihren Methoden im Gegensatz zu anderen (Medien-)Unternehmen nach wie vor vergleichsweise traditionell. Dies gilt insbesondere für jene im Studiengang "Digital Media Law and Management" zum Entrepreneurial Mindset vermittelten Ansätze die eng mit den Schlagwörtern Lean Management, Lean Startup, Design Thinking und Agile verbunden sind. Angesichts dessen ist es von bedeutendem Interesse zu analysieren, inwieweit Filmproduktionsfirmen, in Zeiten, in denen nutzerzentrierte Produkte und Inhalte für Unternehmen und Organisationen von immer größerer Bedeutung sind, agile Arbeitsmethoden einsetzen um effizient zu arbeiten und damit langfristig wettbewerbsfähig zu bleiben. Andrew Kenneth Gay, der als Visiting Assistant Professor an der Universität Florida sowie als Filmemacher tätig ist, legt in seinem Artikel "Start me up: Lean screenwriting for American entrepreneurial cinema" (2021) einen neuen Ansatz für die Skriptentwicklung vor. Dieser orientiert sich an den Praktiken der agilen Softwareentwicklung und an den Prinzipien erfolgreicher Start-ups (Gay 2021, S. 259). In Bezug auf das eigene Untersuchungsvorhaben hat der Artikel eine begrenzte Aussagekraft, da er sich in erster Linie auf studentische Filmemacher und ihre Projekte bezieht (Gay 2021, S. 261). Dennoch zeigt er auf, dass Produktionsprozesse und die Produktion von Kinofilmen Gemeinsamkeiten mit der Massenproduktion und der Softwareentwicklung aufweisen (Gay 2021, S. 265).

Wenngleich Gays Fokus (2021, S. 216) auf ressourcenbeschränkten Studentenproduktionen liegt, stellt sich die Frage, wie Filmproduzenten in ihrem projektbasierten Geschäftsmodell Ansätze des Lean Managements (zukünftig) umsetzen können und in welchem Umfang dies gegebenenfalls bereits erfolgt.

2. Forschungsthema und Theorie

2.1 Problemstellung und Forschungsstand

Generell gibt es nur eine begrenzte Anzahl von aktuellen Analysen, die sich auf die gegenwärtige deutsche TV-Landschaft beziehen (Krauß 2020, S. 178). In Europa war der dänische Markt insbesondere in Bezug auf die Rolle des Drehbuchautors, der Einführung von Writers' Rooms[1] und den sogenannten 'production hotels'[2] hingegen häufiger Gegenstand von

---

[1]

Der Begriff Writers' Room bezeichnet allgemein ausgedrückt die Gemeinschaftsarbeit mehrerer Drehbuchautoren im Schreibprozess einer TV-Serie (Karhula et al. 2021).

[2]   Mit 'production hotel' wird die Konzentration aller an einer Serie Beteiligten an einem gemeinsamen Ort

wissenschaftlichen Untersuchungen (z.B. Redvall 2014 & 2013). Eine Verbindung zwischen agilen Methoden und der Stoffentwicklung stellt der als Autor, Produzent und Professor tätige Van Wyngaarden (2019) in dem Artikel "Sprints statt Writers' Rooms", wo er sich mit der Übertragung von agilen Methoden der Kreativwirtschaft auf die Stoffentwicklung befasst, her. In seinem im Branchen-Newsletter des VeDRA[3] veröffentlichen Artikel zeigt er in komprimierter Form auf, welche Aspekte von Scrum[4] sich auf die Stoffentwicklung bei Serien übertragen lassen. In einem ebenfalls im Fachmagazin des VeDRAs veröffentlichen Artikel stellen Merkel und Gößler (2019) ihre Untersuchung des System Writers' Room und seine Anwendung in der deutschen Serienentwicklung vor. Im Ergebnis, so ihr Fazit, sind bestimmte Aspekte des Writers' Room wie des schnellen Feedback und der beschränkten inhaltlichen Einflussnahme auf die Stoffentwicklung in Deutschland angekommen. Sie äußern aber ihre Bedenken, ob die kollaborative, stark regelbezogene Teamarbeit des aus den USA stammenden Writers' Room Modell auch in Deutschland möglich ist. Im praxisorientierten Handbuch "Digitale Formatentwicklung (2018) widmet sich Van Wyngaarden am Rande dem Zusammenspiel von Teams, Prozessen und Kreativtechniken sowie den damit verbundenen neuen Ansätzen im Projektmanagement. In der Gesamtheit betrachtet wurde die Verwendung von agilen Methoden auf dem Gebiet der Filmproduktion bisher lediglich in begrenzten Umfang untersucht.

Dino Stahl (2020) führte in seiner Bachelorarbeit eine theoretische Betrachtung der Einsatzmöglichkeiten agiler Projektmanagementmethoden in der deutschen Spielfilmproduktion durch. Dabei ermittelte er Phasen und Arbeitsbereiche, in denen agile Projektmanagementmethoden sinnvoll erscheinen. Zudem beschreibt er den potenziellen Nutzen und identifiziert Handlungsmöglichkeiten. Vor dem Hintergrund des strategischen Management weist Gay (2021) mit der Anwendung von innovativen, dem Lean Management[5] zuzuordnenden Entwicklungsprinzipen und der zielgruppengerechten Formatentwicklung sowie dem Aufzeigen der Analogie des Entwicklungsprozesses von Softwareanwendungen gegenüber Drehbüchern den stärksten Bezug zum Untersuchungsgegenstand auf (S. 261, 263, 265). Sein Artikel fungiert daher als primärer Ausgangspunkt des vorliegenden Exposees.

---

bezeichnet. Der Writers' Room war Ende der 90er in Dänemark Teil des "production hotels" (Redvall 2013, S. 196).

[3] Die Abkürzung VeDRA bezeichnet den Verband für Film und Fernsehdramaturgie.

[4] Scrum ist die Bezeichnung eines Frameworks für agile Entwicklungsarbeit.

[5] Das Lean Management kommt originär aus der Automobilindustrie und wird eingesetzt, um Prozesse ganzheitlich zu optimieren. Der Name „Lean" (engl. „schlank") leitet sich von der Idee ab, dass die Organisationsstruktur eines Unternehmens möglichst schlank gestaltet werden soll.

2.2 Leitfrage und Ziel der Untersuchung

Entsprechend den vorherigen Ausführungen lässt sich festhalten, dass insbesondere für die DACH-Region ein Forschungsdefizit[6] hinsichtlich der Untersuchung von agilen Arbeitsmethoden in der Stoffentwicklung besteht. Im Rahmen der geplanten Untersuchung soll analysiert werden, inwieweit agile Arbeitsmethoden[7] bei der Stoffentwicklung eingesetzt werden.

Die Untersuchung fokussiert sich auf den Stoffentwicklungsprozess von Serien, da der Writers' Room, wie die nachfolgenden Ausführungen belegen als eine agile Arbeitsmethode angesehen werden kann, die in der Serienproduktion zunehmend eine bedeutende Rolle einnimmt. Der Fokus auf Serien ist dadurch begründet, dass Autoren bei Serien aufgrund der Struktur des Formates sehr intensiv zusammenarbeiten müssen (Grützke 2012, S. 12). Daraus schlussfolgernd lautet die Leitfrage der vorliegenden Untersuchung:

Inwieweit werden agile Arbeitsmethoden von Produktionsfirmen in der Serien-Stoffentwicklung eingesetzt?

Aufgrund der bisher nur wenig untersuchten Thematik und des damit verbundenen explorativen Charakters, können mögliche Hypothesen erst nach Durchführung und Auswertung der Studie generiert und in einer Anschlussuntersuchung überprüft werden (Bogner et al. 2014, S. 31).

2.3 Theoretische Modellgrundlage

Die Anpassung interner Strukturen und Arbeitsweisen von Unternehmen gehört zu den Aufgaben des strategischen Managements (Bea & Haas 2016, S. 16). Die theoretische Grundlage der geplanten Untersuchung stützt sich auf das Projektmanagement, da sich die Merkmale, die nach Kuster et al. (2019) dieses charakterisieren auch auf den Prozess der Film- bzw. Serienproduktion übertragen lassen. Wirtz zufolge weist die Filmproduktion projektähnliche Charakteristika auf (2006, S. 292). Kuster et al. (2019, S. 2) beschreiben das Projektmanagement anhand folgender Merkmale:

---

[6] Phalen und Osellame (2012, S. 4) sehen einen Mangel an akademischen Theorien und   analytischen Perspektiven. Sie konstatieren, dass bisherige Arbeiten zu Fernsehautoren lediglich in die Kategorie der 'how to' Guides und in die der Interviewtranskripte mit Autoren, Produzenten und Showrunnern eingeteilt werden können.

[7] Agiles Projektmanagement bezeichnet eine bewegliche, schnelle, prozessorientierte, reflexive und lernende Arbeitsweise (Kuster et al. 2019, S. 19).

- Eine einfache, schnelle anpassungs- und reaktionsfähige, kurzzeitig existierende Organisation gewährleistet die bestmögliche Durchführung des Projektes.
- Das Projektmanagement begünstigt die unmittelbare, interdisziplinäre Zusammenarbeit.
- Die Zuständigkeiten der Führung in der Projektorganisation sind abgestimmt.
- Der direkte Informationsaustausch innerhalb und außerhalb des Projektes ist einfach erreichbar.
- Die existierende Leistungsfähigkeit wird durch Teamarbeit und eine anregende Stimmung ausgelöst.
- Eine eindeutige Zuordnung zum Projektteam vereinfacht es, Loyalitätskonflikte zu erkennen und zu bearbeiten.
- Die Einbindung der betroffenen Personen schafft eine lernende Organisation.

Komplexere Aufgabenstellungen, schnellere Arbeitswelten und stetige Veränderungen sowie das Nichterreichen gewünschter Ergebnisse oder gar Scheitern von Projekten haben gezeigt, dass für Projekte, die vielfach mit der klassischen Wasserfallmethode[8] organisiert wurden, ein anderes Prinzip des Projektmanagements erforderlich ist. Agile Methoden wie Scrum können hierfür eine Lösung bieten (Kuster et al. 2019, S. 19).

Denn: "Agile Vorgehensweisen haben sich in komplexen Bereichen als flexibler, schneller und ökonomischer bewährt als das planungsorientierte Projektmanagement." (Kuster et al. 2019, S. 22) Im Kontext der anvisierten Studie stehen das agile Projektmanagement und die verbundene Methodik im Vordergrund. Wendling (2008, S. 29) folgend, der die Produktion eines Films als "eine planerische und organisatorische Höchstleistung" und einen "Prozess, der wirtschaftlich effizientes Denken und ökonomische Versiertheit erfordert" beschreibt, kann die Filmproduktion als komplexer Bereich angesehen werden für den sich agile Vorgehensweisen eignen. Zudem ist die Implementierung flexibler und agiler Organisationsformen nicht mehr auf den Bereich der klassischen Softwareentwicklung begrenzt, sondern ist in Konzernen, wo Tribes, Chapter und Squads[9] dominierende Elemente der Zusammenarbeit werden, mittlerweile Standard (Bea & Haas 2016, S. 428).

---

[8] Im Wasserfall-Modell werden die einzelnen Projektschritte sequenziell nacheinander abgearbeitet (Kuster et al. 2019, S. 17).
[9] Ein Tribe besteht aus mehreren Squads. Squad bezeichnet die kleinste Einheit (i. d. R. fünf bis zehn Menschen), die fachliche Verantwortung für eine Produktentwicklung ö.ä. besitzen. Die Mitarbeiter eines Funktionsspektrums bilden ein Chapter (Bea & Haas 2016, S. 441).

2.4 Die Stoffentwicklungsphase im Filmproduktionsprozess

Die Phase der Stoffentwicklung zählt zur Vorbereitungsphase (häufig auch als Pre-Production bezeichnet) und bildet in der Filmproduktion die erste von vier Phasen (Wendling 2021, S. 18). Die Entwicklungsphase beeinflusst alle nachfolgenden Produktionsphasen (Bergener & Voigt 2012, S. 175).

Im Regelfall wird der Stoffentwicklungsprozess von einer Idee über ein Treatment bis hin zur finalen Drehbuchfassung durch eine strategische Partnerschaft aus Drehbuchautor, Producer, Redakteur und Regisseur vorangetrieben (Schwehm & Voigt 2012, S. 28).

Im Kontext dieses Exposees steht die Bezeichnung Stoffentwicklung als Teil des Filmproduktionsprozesses für die Ausarbeitung von Ideen und dem Schreiben der Drehbücher in einer Serienproduktion. Bevor im weiteren Verlauf dieses Pitch-Papiers in Form einer Hausarbeit konkreter auf die Stoffentwicklung im Umfeld von agilen Arbeitsmethoden eingegangen wird, erfolgt zunächst die Einordnung in den entsprechenden (Teil-)Bereich des Strategischen Managements.

2.5 Die Organisation als (Teil-)Bereich des Strategischen Managements

Grundsätzlich ist es für Filmproduzenten existenziell strategisch zu denken und die Prozesse der Filmproduktion – beginnend von der Idee zu einem Film- oder Serienprojekt bis hin zu dessen Ausstrahlungspremiere – so reibungslos wie möglich zu planen und zu gestalten, (Tschoeppe 2014, S. 9).

Im Rahmen der vorliegenden Arbeit steht die Organisation als Teilbereich des strategischen Managements im Fokus (Bea & Haas 2016, S. 389; Abb. 1). Aufgrund ihrer Praxisrelevanz sind flexible Organisationsformen für das strategische Management von elementarer Bedeutung (Bea & Haas 2016, S. 439). Wenngleich die Erscheinungsformen flexibler Organisation vielfältig sind, konzentriert sich diese Hausarbeit auf die agile Organisation im Scrumkontext, da hier eine gewisse Übertragbarkeit auf die Arbeitsprozesse in der Stoffentwicklung gegeben ist. Van Wyngaarden (2018, S. 257) zufolge eignet sich Scrum vor allem für gewerkeübergreifend arbeitende Teams. Der Romanautor Reed Vernon Waller (2019) geht noch einen Schritt weiter und zieht Parallelen mit der Arbeitsweise in Lean Startups. Er sieht die grobe Fassung eines Drehbuchs als Ugly First Draft bzw. Minimum Viable Product (MVP) an.[10]

---

[10] Das MVP beschreibt ein provisorisches Produkt, das gerade ausreicht, um die Bedürfnisse von Kunden zu befriedigen (Ender 2021, S. 442).

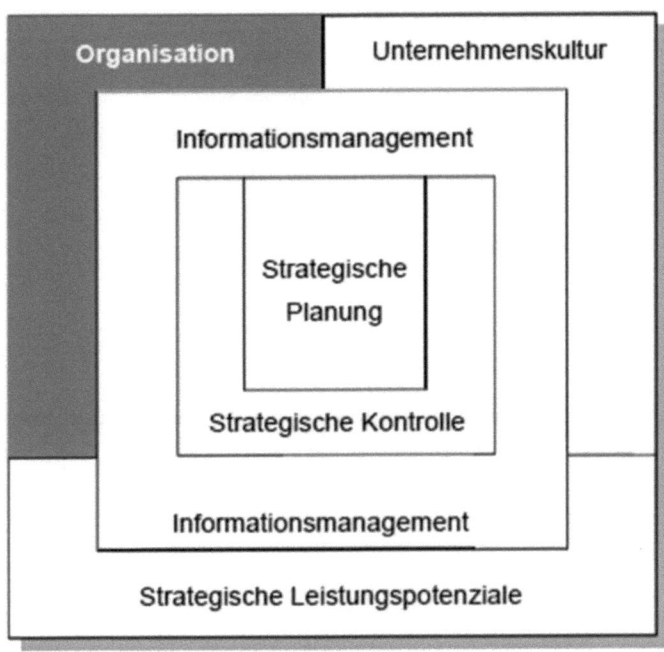

Abb. 1 (Bea & Haas 2016, S. 389)

Die Scrum-Methodik forciert die Aufteilung von komplexen Aufgaben in kleinere Einheiten, die schrittweise auszuführen sind. In seinen Anfängen wurde Scrum von den innovativen und schlanken Möglichkeiten in der japanischen Produktentwicklung geprägt (Kuster et al. 2019, S. 20). Bei Scrum handelt sich um ein Framework für agile Entwicklungsarbeit, dass sich auch für die Konzeption und Erstellung von Medien eignet (Van Wyngaarden 2019, S. 15). Die untenstehende Abbildung (Abb. 2) zeigt umrissartig die Methodik auf. Nach der Startphase (Initialisierung und Produktkonzeption) folgen die Iterationen bzw. Sprints[11] in vorgeplanten Zeitabständen (Kuster et al. 2019, S. 20). Die drei Rollen in Scrum sind: Product Owner, Entwicklungsteam und Scrum Master.

Als Leiter eines Projektes verantwortet der Product Owner die Vision des zu entstehenden Produktes und die Schaffung des größtmöglichen Mehrwertes für Auftraggeber und Endkunden (Kuster et al. 2019, S. 21). Das Entwicklungsteam eines Produktes ist für die richtige

---

[11] Im Scrumkontext steht die Bezeichnung Sprints für zu kleine zu bearbeitende Schritte (Bea & Haas 2016, S. 440).

Zusammensetzung dessen verantwortlich. Es besteht aus Experten, die eigenverantwortlich über ihre Arbeitspakete und deren geschätzten Aufwand bestimmen (Van Wyngaarden 2019, S. 14). Die Rolle des Product Owner ist mit der Rolle des Showrunners im Serienbereich, der eine Gesamtvision für ein bzw. sein Projekt haben muss, vergleichbar (Redvall 2014, S. 223). Für den Scrum Master, der die Einhaltung des Prozesses verantwortet und als Vermittler zwischen den Teammitgliedern agiert, gibt es in der deutschen Serienentwicklung kein direktes Pendant (Hanser 2010, S. 66).[12]

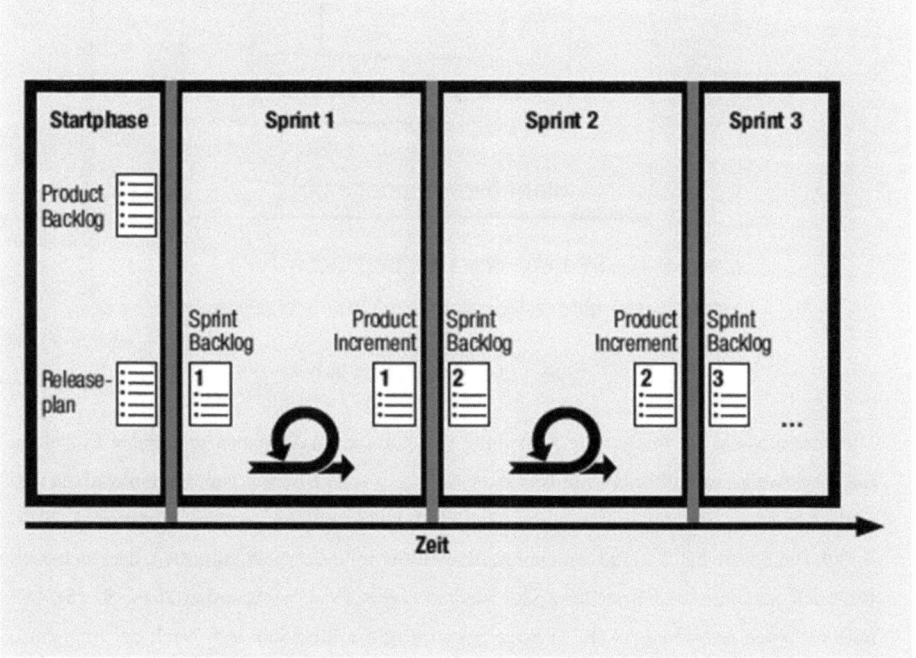

Abb. 2 (Kuster et al. 2019, S. 20)

---

[12]   In den USA wird diese Funktion oftmals durch den Co-Producer übernommen (Richardson 2018).

Auf den Kontext der Stoffentwicklung übertragen bilden die Autoren im Writers' Room das Expertenteam (Van Wyngaarden 2019, S. 14).[13] Hier entwickeln die Autoren Charaktere und Handlungsbögen. Es ist der Ort, an dem das an den Sender verkaufte Konzept von den Teammitgliedern konkretisiert, Charaktere und Handlungsbögen entwickelt und aus Ideen Drehbücher für die jeweiligen Episoden entstehen (Hunt 2017, S. 30). Gößler (2019, S. 15) zufolge steht das System des Writers' Room für "eine komplexe Entwicklungsphilosophie, die streng hierarchisch aufgebaut ist, alle Gewerke umfasst, auf strengste Regeln und gleichzeitig größtmögliche künstlerische Freiheit setzt – eigentlich ein Paradox." Eine vereinfachte Darstellung der Gemeinsamkeiten der Rollen und Aufgabenbereiche der Akteure im Kontext von Scrum und im Kontext des Writers' Room sowie der jeweiligen Aufgaben ist im Anhang 1 abgebildet.

2.5.1 Der Showrunner als Teil der Managementstruktur

Eng verbundenen mit dem Begriff des Writers' Room ist die Bezeichnung Showrunner. Hier handelt es sich um denjenigen, der das Autorenteam anführt (Phalen & Osellame 2012, S. 4). Der Begriff wird meist benutzt, um die Rolle einer Person zu charakterisieren, die die Verantwortung für eine Serie innehat (Redvall 2013, S. 105). Hunt (2017, S. 30) zufolge können erfahrene Writer-Producer selbst diese Rolle übernehmen, Autoren und kreative Talente einstellen, die Produktion steuern und letztendlich als leitende Produzenten die Verantwortung tragen. Es besteht aber auch die Möglichkeit, dass der Sender einen Showrunner für die Leitung einer Serie bestimmt. Im Serienherstellungsprozess trägt der Showrunner oftmals nicht nur die kreative, sondern auch wirtschaftliche Verantwortung (Krauß 2020, S. 145). Durch seine Autorität über die Drehbücher, die finale Zustimmung zu Casting, Szenenbild, Motiven, den finalen Schnitt, die Postproduktion, die Besetzung wie auch der Kündigung von Schlüsselpositionen sind sie ein Teil der Managementstruktur (Script Angel Ltd., n.d.; Kellersmann, n.d.). Das genaue Aufgabengebiet eines Showrunners variiert in Deutschland noch stark, wie die Statements verschiedener Branchenmitglieder zeigen – die Bindegliedfunktion als zentraler Aspekt ist den Aussagen hingegen gemeinsam (z. B. Schultze 2019). Die Zusammenarbeit mehrerer durch den Showrunner geführten Autoren im Writers' Room (Phalen & Osellame 2012, S. 4) bringt unter dem Aspekt des agilen Projektmanagement und aus Sicht des strategischen Managements (systembedingte) Vor- und Nachteile mit sich.

---

[13] Im Kontext des Writers' Room kann die Vorgehensweise von Scrum aufgrund fehlender wissenschaftlicher Belege und Erkenntnisse nicht näher beschrieben werden. Eine Durchführung dieser Studie könnte es jedoch ermöglichen, Erkenntnisse hierzu zu gewinnen und dadurch Parallelen aufzuzeigen.

Für und Wider des Writers' Room werden nachfolgend aus der Managementperspektive eines Produktionsunternehmen beschrieben.

2.5.2 Die Vorteile des Writers' Room

Aus Produzentensicht scheint der Writers' Room nach skandinavischem oder amerikanischem Muster ideal, da er es ermöglicht die Entwicklungszeit von Serien zu verkürzen und qualitativ hochwertige Stoffe auszuarbeiten (Van Wyngaarden 2019, S. 13; Phalen & Osellame 2012, S. 9). Seine Methodik führt zu einer Mischung aus erzählerischer Qualität und Effektivität und ist damit eines der stärksten Argumente für den Writers' Room (Gößler 2019, S. 15, Merkel & Gößler 2019, S. 7). Zudem kann dieser bereits in der Entwicklungsphase der Produktion die Kommunikation und Zusammenarbeit des Teams fördern (Redvall 2014, S. 224). Redvall (2014, S. 223) bezeichnet die Arbeit im Writers' Room als einen hochgradig kollaborativen Prozess, der hochwertige Serien ermöglicht. Durch den unmittelbaren Austausch von Ideen soll nicht nur die Kreativität, sondern auch die Produktivität gesteigert werden, da jedes Projekt typischerweise unter einen gewissen Termindruck umgesetzt werden muss (Serienjunkies n.d.). Die Aufdeckung von Schwächen im Buch stellt einen weiteren Vorteil des Writers' Room dar – so reflektiert der Autor Benjamin Gutsche[14] im Interview mit Rodek (2019): "Wir haben etwa im Schreibprozess gemerkt, dass unser geplottetes Ende nicht einzuhalten war. Der Held hat sozusagen den Room übernommen und für sich ein anderes Ende erzwungen."

2.5.3 Die Nachteile des Writers' Room

Neben den genannten Vorteilen sind Writers' Rooms auch mit Nachteilen verbunden. So fällt das gemeinsame Plotten von Serienepisoden nicht jedem Autor leicht (Van Wyngaarden 2019, S. 13). Dennoch scheinen Autoren, die den Writers' Room nicht mögen in der Minderheit (Phalen & Osellame 2012, S. 9). Die Problematik besteht vielmehr in Bezug auf die fehlenden Fähigkeiten von Autoren. Die als Headautorin und Produzentin tätige Friese fordert von diesen eine schnellere, flexiblere, kollaborative Zusammenarbeit und die Berücksichtigung des Mediums im Entwicklungsprozess (Friese 2019 zit. nach Krauß 2020, S. 145). Van Wyngaarden (2019, S. 13) sieht zwei Schwächen in der agilen Methodik des Writers' Rooms. So fehlt dieser das Mittel um fundamentale Innovationen auszulösen. Zudem sieht diese Vorgehensweise keine Feedbackschleifen mit dem Konsumenten vor, wodurch die Gefahr besteht, am Markt vorbei

---

[14] Die Berufsbezeichnung Autor bezieht sich auf den Zeitpunkt des Interviews und die zitierte Quelle. Benjamin Gutsche ist inzwischen auch als Showrunner tätig.

zu entwickeln.[15]

Die praktische Umsetzung von Tests mittels Feedbackschleifen über das Zielpublikum ist weniger ein Problem der Scrum-Methodik selbst als der Arbeitsweise im Bereich der Filmproduktion geschuldet, die ein direktes Nutzerfeedback außer der Marktforschung vor der Produktionsphase nicht vorsieht (Becker et al. 2012, S. 178). Im Kontext der Stoffentwicklung erfolgt das "Testen" in Form einer Beurteilung durch den Producer der Produktionsfirma bzw. den Redakteur des Auftraggebers (Krauß 2020, S. 180). Van Wyngaarden (2018, S. 36) betont jedoch anderseits selbst, dass Medienschaffende ein direktes Verhältnis zu ihrem Publikum entwickeln und unabhängig, an welcher Position sie sich in der Wertschöpfungskette befinden, eine konsumentenzentrierte Mentalität verinnerlichen sollten. Die durch Van Wyngaarden (2019, S. 19) geäußerte Methodenkritik hinsichtlich des Fehlens grundlegender Innovation ist keine Schwäche der agilen Methodik selbst, sondern des Systems der Arbeitsweise von Auftraggebern der Produktionsfirmen (Krauß 2020).

Merkel und Gößler (2019, S. 7) zufolge ist die inhaltliche Einflussnahme der Redaktion einer der markantesten Unterschiede zwischen der deutschen Stoffentwicklung und dem amerikanischen Writers' Room Modell. In Deutschland hatte der jeweilige Senderredakteur bisher eine relativ große Entscheidungsgewalt (Krauß 2020, S. 177). Dieses Verhältnis verschiebt sich insbesondere bei neueren, international ausgerichteten, Produktionen von Streaminganbietern und Privatsendern zunehmend (Merkel & Gößler 2019, S. 7).

2.5.4 Die Größe eines Writers' Rooms

Hinsichtlich der Größe von Writers' Rooms existieren keine Aussagen darüber, ab welcher Größe möglicherweise von einem Vor- bzw. Nachteil gesprochen werden kann. Generell ist die Größe eines Writers' Rooms nicht festgelegt, sodass hierüber auch keine Einordnung erfolgt, ob ein Writers' Room als solcher zu bezeichnen ist. Redvall führt im Jahr 2014 an, dass in Dänemark ein Writers' Room in der Regel einen Headwriter und zwei Episodenautoren umfasst (S. 224). Phalen und Osellame (2012, S. 6) zufolge sind es in den USA im Comedybereich gewöhnlich acht bis zehn Autoren und für Dramen fünf bis acht. Zwischen neun und zwölf Autoren sind für Hunt (2017, S. 30) die typische Größe eines Writers' Rooms. Für Deutschland haben Merkel und Gößler (2019, S. 6) in zehn Formaten einen Schnitt von vier bis sechs Autoren zusätzlich zum Headwriter ermittelt.

---

[15] Auch wenn die Scrum-Methode aus wenigen Regeln besteht, besagt diese, dass nach der Produktkonzeption in vordefinierten zeitlichen Intervallen Tests erfolgen sollen (Kuster J. et al. 2019, S. 20).

2.5.5 Der Writers' Room und der Showrunner aus strategischer Sicht

Vor dem Hintergrund des strategischen Management kann der Einsatz eines Writers' Rooms im Bereich der Stoffentwicklung den übergeordneten Zielen eines Filmproduktionsunternehmens dienen. Denn Innovation und die Gewinnung von Marktanteilen kann zu langfristigen Erträgen führen und damit dem obersten Ziel des Management – der Gewinnerzielung – dienen (Friedrichsen et al. 2015, S. 74). Aus Produzentensicht stellt der Writers' Room einen lang ersehnten Wunsch dar, suggeriert dieser doch mehr Kontrolle und Zuverlässigkeit (Grützke 2012, S. 199).

Durch die Verkürzung der Entwicklungszeiten sorgt er zudem für eine Effizienz (Merkel & Gößler 2019, S. 7), die zu wirtschaftlicher Effektivität führen kann (Bea & Haas 2016, S. 398). Zudem können agile Methoden bei professioneller Anwendung Innovation fördern (Van Wyngaarden 2019, S. 15). Von dem Einsatz eines Showrunners, der zwischen den an der Produktion beteiligten Ebenen als Bindeglied fungiert (Schultze 2019) und dem Writers' Room erhoffen sich Produktionsfirmen Prozess- und Produktinnovationen (Krauß 2020, S. 145).

2.6 Forschungsdesign
2.6.1 Erhebung mittels Interviewleitfaden

Um zu ermitteln, auf welche Weise und vor welchem (strategischen) Hintergrund Filmproduktionsunternehmen agile Arbeitsweisen in der Stoffentwicklung einsetzen, beabsichtigt der Autor eine qualitative Studie durchzuführen. Basierend auf dieser Thematik und die sich aus dem theoretischen Teil ergebenden Fragestellungen wurde ein vorläufiger, sich im Anhang 3 des Exposees befindender Interviewleitfaden, erstellt. Es ist geplant ein halbstrukturiertes Interview mit Experten durchführen, um während der Befragung flexibel auf den Gesprächsverlauf reagieren zu können. Damit sind der Wortlaut und die Reihenfolge vorgegeben, aber Improvisationen möglich (Niebert & Gropengießer 2014, S. 125). Die Befragung mittels Interviewleitfaden erfolgt vor dem Hintergrund, dass die Thematik bisher wenig erforscht und dadurch ein exploratives Vorgehen geeignet ist (Bienefeld & Gausling 2017, S. 11).

2.6.2 Teilnehmerakquise

Die Teilnehmerakquise erfolgt über Produktionsfirmen, Karrierenetzwerke wie LinkedIn, branchenspezifische Weiterbildungsinstitute wie dem Erich-Pommer Institut, der Master School Drehbuch und über Branchen-Kontakte.

Zur weiteren Teilnehmergewinnung eignet sich in der Film- und Fernsehbranche zudem die

Anwendung des Schneeballprinzips, bei dem Interviewpartner die Anfrage zur Befragung an andere Personen weiterleiten bzw. diese als mögliche Teilnehmer empfehlen (Bogner et al. 2014, S. 35). Potenzielle Teilnehmer für die geplante Befragung sind Showrunner, Executive Producer und Produzenten bzw. Geschäftsführer, da diese Positionen in der Regel einen Managementbezug haben und finanzielle Verantwortung tragen (Redvall 2013, S. 106). Eine Auflistung der Experten, mit denen potenziell die Befragung durchgeführt werden könnte, ist dem Anhang 2 des vorliegenden Exposees zu entnehmen.[16] Die Größe der Firmen wird für die Auswahl der Experten als irrelevant eingeschätzt, da diese in der Regel nur über wenige Festangestellte verfügen und für ein Projekt immer wieder neues Personal rekrutiert wird (Abromeit et al. 2013, S. 307).

2.6.3 Stichprobe, Pretest und Interviewleitfaden

Im Rahmen der geplanten Untersuchung sind etwa 8 Experteninterviews angedacht. Die Länge jedes Interviews wird auf je 45-60 Minuten angesetzt. Die Interviews sollen über einen Zeitraum von etwa 8 Wochen stattfinden, um hinsichtlich der Terminierung eine gewisse Flexibilität zu wahren. Bevor die eigentliche Befragung durchgeführt wird, ist ein Pretest zum Interviewleitfaden beabsichtigt. Hierdurch soll der Inhalt des Fragebogens auf seine Verständlichkeit und Sinnhaftigkeit geprüft und nicht zuletzt auch abschließend der Aufbau des Fragebogens getestet werden. Für den Pretest beabsichtigt der Autor mit 2 Branchenkennern die Befragung vor der eigentlichen Erhebung durchzuführen. Dieser erfolgt insbesondere um die Verständlichkeit der Fragen zu prüfen, die Zeitdauer der Befragung abzuleiten (Hollenberg 2016, S. 24) und die Qualität der Datenerhebung zu optimieren (Weichbold 2014, S. 19). Hinsichtlich der Interviewteilnehmer könnte aufgrund von Zeitmangel eine geringe Bereitschaft zur Teilnahme an der Befragung bestehen. Aufgrund der Möglichkeit weitere Teilnehmer über persönliche Kontakte und das Schneeballprinzip zu gewinnen, ließe sich die Teilnahmequote tendenziell erhöhen, wenn es eine zu geringe Bereitschaft bei den erstkontaktierten Experten geben sollte.

2.6.4 Geplante Auswertung

Die Auswertung der Interviews soll aufgrund ihres Informationscharakters anhand einer qualitativen Inhaltsanalyse erfolgen (Bogner et al. 2014, S. 70). Nach der Transkription der

---

[16] Im Exposéstadium der Studie und aufgrund des begrenzten Forschungsstandes besteht keine ausreichende Erkenntnis darüber, ob die zuvor genannten Experten in zwei miteinander zu vergleichende Gruppen eingeteilt werden sollten.

Interviews wird hierfür eine auf Kategorien basierende Kodierung durchgeführt. Die Kategorien orientieren sich an den im Interviewleitfaden verwendeten Themenfelder. Sie fassen inhaltlich kohärente Informationen zusammen und dienen als Schlüsselbegriffe, die festlegen, wonach in den Gesprächsprotokollen gesucht werden soll. An dieser Stelle ist anzumerken, dass das Kategoriensystem einen dynamischen Charakter hat, da es sich im Laufe des Auswertungsprozesses in der Regel noch ändert (Bogener et al. 2014, S. 74). Das Ziel der Datenaufbereitung ist die Beantwortung der Forschungsfrage. Idealerweise ermöglichen die Daten zudem eine theoriegenerierende Interpretation (Bogner et al. 2014, S. 74 & 75).

3. Diskussion und Fazit

Konkrete Handlungsempfehlungen können im Rahmen des Exposees noch nicht formuliert werden, da es sich primär um eine informationsgewinnende Untersuchung mit explorativem Vorgehen handelt. Eine Limitation mit Blick auf die Ergebnisse der Studie wird hinsichtlich des Fernsehredakteurs bestehen, da nicht beabsichtigt wird, diesen Akteur der Stoffentwicklung bei der Befragung einzubeziehen.[17] Das der durch den Auftraggeber eingesetzte Redakteur einen Einfluss auf das strategische Vorgehen aus Sicht des Produzenten und/oder Showrunners hat, könnte jedoch eine Erkenntnis der geplanten Studie sein. In der Folge könnte dies ein Anstoß für eine weitere Untersuchung sein. Der Theorie des Managements angehörend, könnte das Lean Thinking (Gay 2021, S. 271) und die Untersuchung des Einsatzes von agilen Arbeitsmethoden in allen Phasen der Filmproduktion ein weiteres sich anschließendes Forschungsvorhaben bilden. Dies lässt sich dadurch begründen, dass sich bei Lean-Filmemachern die Phase der Konzeption des Drehbuches auf den Produktionsprozess ausdehnt (Gay 2021, S. 271). Möglicherweise wird in nicht allzu ferner Zukunft ähnlich wie für Scrum 2001 ein Manifest für agile Softwareentwicklung aufgestellt wurde (Bea & Haas 2016, S. 440) ein Leitbild für Lean Film Production[18] verankert. Neue Marktteilnehmer wie Streamingplattformen werden weiter auf bestehende Strukturen in Produktionsfirmen einwirken. Um im Wettbewerb um Auftraggeber und letztlich der Zielgruppe bestehen zu können, wird eine Anpassung der Arbeitsweisen von Produktionsunternehmen unausweichlich sein. Auch Künstliche Intelligenz stellt eine sich rasant weiter entwickelnde Herausforderung dar, die ganze Branchen grundlegend verändern wird (Wolff et al. 2019). Innerhalb der Film- und Fernsehbranche ändert sich zudem die Machtposition von Autoren gegenüber Redakteuren wie etwa die 2018 initiierte Bewegung Kontrakt '18, die die Forderung auf die Bestimmung des Regisseurs Einfluss zu nehmen und Muster von Dreharbeiten beurteilen zu dürfen, beinhaltet, zeigt (Krauß 2020, S. 184).[19]

---

[17] Dies wird dadurch legitimiert, dass der Redakteur als Vertreter eines Fernsehsenders agiert.

[18] Ein "The Lean Filmmaker's Manifesto" sowie sieben von Mary und Tom Poppendieck identifizierte Lean Prinzipen (2003 zit. nach Gay 2013) stellt Gay (2013) auf einer von ihm unterzeichneten Website http://www.leanfilmmaker.com vor.

[19] Dies zeigen auch die offenen Briefe von Regisseuren und Drehbuchautoren an die neue ARD-Programmdirektorin Christine Strobl (Niemeier 2021).

4. Literatur

Abromeit, H., Nieland, J. U., & Schierl, T. (Eds.). (2013). *Politik, Medien, Technik: Festschrift für Heribert Schatz*. Springer.

Bea, F. X., & Haas, J. (2016). *Strategisches Management* (Vol. 8498). utb.

Becker, J., Schwaderlapp, W., & Seidel, S. (Eds.). (2012). *Management kreativitätsintensiver Prozesse: Theorien, Methoden, Software und deren Anwendung in der Fernsehindustrie*. Springer.

Bergener, K., & Voigt, M. (2012). Managementpraktiken für erfolgreiches Projektmanagement in kreativen Industrien–entwickelt am Beispiel der deutschen TV-Industrie. In *Management kreativitätsintensiver Prozesse* (S. 161-183). Springer, Berlin, Heidelberg.

Bienefeld, M., & Gausling, P. (2017). Themenfindung und Fragestellung für empirische Forschungsprojekte. In *Empirische Forschung im Kontext Schule* (S. 9-27). Springer VS, Wiesbaden.

Bogner, A., Littig, B., & Menz, W. (2014). *Interviews mit Experten: eine praxisorientierte Einführung*. Springer.

Ender A. (2021). Käuferorientierter Content-Ansatz – Design Thinking für empathischeres Marketing in der B2B Welt. In: *Seebacher U. (eds) Praxishandbuch B2B-Marketing*. Springer Gabler, Wiesbaden. https://doi.org/10.1007/978-3-658-31651-8_16

Friedrichsen, M., Grüblbauer, J., & Haric, P. (2015). *Strategisches Management von Medienunternehmen: Einführung in die Medienwirtschaft mit Case-Studies*. Springer-Verlag.

Gay, A. K. (2014). Start me up: Lean screenwriting for American entrepreneurial cinema. In *Journal of Screenwriting, 5*(2), S. 259-275. https://doi.org/10.1386/josc.5.2.259_1

Gay, A. K. (3. März 2013). The Lean Filmmaker's Manifesto. http://www.leanfilmmaker.com/the_lean_filmmakers_manifesto.html Abruf am 10.06.2021

Gößler, T. (2019). Writers' Rooms & Showrunner. Warum es noch einiges von der US-Branche zu lernen gibt. In *Wendepunkt Nr. 43*, S. 15-18.

Grützke, J. (2012). Schreiben ohne Ende–Bedingungen, Methoden und Konsequenzen gemeinsamer Autorenschaft in arbeitsteiligen Kreativitätsprozessen. In *Management kreativitätsintensiver Prozesse* (S. 195-203). Springer, Berlin, Heidelberg.

Hanser, E. (2010). *Agile Prozesse: Von XP über Scrum bis MAP*. Springer-Verlag.

Hollenberg, S. (2016). *Fragebögen: fundierte Konstruktion, sachgerechte Anwendung und aussagekräftige Auswertung*. Springer-Verlag.

Hunt, D. (2017). Race in the writers' room: How Hollywood whitewashes the stories that shape America. *Hollywood Color of Change.* https://hollywood.colorofchange.org/wp-content/uploads/2019/03/COC_Hollywood_Race_Report.pdf

Kellersmann, T. (n.d.). Der Show-Runner. Zukunftsmodell der Serienproduktion? (Seminarkonzept). Triebwerkfilm.de https://triebwerkfilm.de/wp-content/uploads/2018/11/Der-Show-Runner.pdf Abruf am 1.07.2021

Karhula, Miira; Lehti, Timo; Nuutinen, Teppo (2021). The Writers' Room https://www.theseus.fi/bitstream/handle/10024/504155/2021%20OIVA%2037%20The%20writers%20room.pdf?sequence=2&isAllowed=y Abruf am 11. 07.2021

Kuster J. et al. (2019). Einleitung. In: Handbuch Projektmanagement. Springer Gabler, Berlin, Heidelberg. https://doi.org/10.1007/978-3-662-57878-0_1

Krauß, F. (2020). From 'Redakteursfernsehen'to 'showrunners': Commissioning editors and changing project networks in TV fiction from Germany. *The Journal of Popular Television*, *8*(2), S. 177-194.
Krauß, F. (2020). 'Qualitätsserien'und Produkt-und Prozessinnovationen: Aushandlungen in der deutschen Fernsehbranche. In *Jahrestagung der Fachgruppe Medienökonomie der DGPUK* (S. 137-150). DEU

Merkel, K.; Gößler. T. (2019). The German Room. Das System Writers' Room und seine Anwendung in der deutschen Serienentwicklung. In *Wendepunkt Nr. 44*, (S. 6-9).

Niemeier, T (1. Juli 2021). Regisseure gehen auf Konfrontation zu Drehbuchautoren. https://www.dwdl.de/nachrichten/83451/regisseure_gehen_auf_konfrontation_zu_drehbuchautoren/ Abruf am 1.07.2021

Redvall, E. N. (2013). *Writing and producing television drama in Denmark: From the kingdom to the killing*. Springer.

Redvall, E. N. (2014). Working the writers' room: The context, the creative space and the collaborations of Danish television series borgen. In *Screenwriters and screenwriting* (S. 223-237). Palgrave Macmillan, London. https://doi.org/10.1057/9781137338938_14

Richardson, J. (27. Januar 2018). An Agile writers' room: a better way of writing part 2. https://www.consideredwords.com/research/hope-writing/ Abruf am 17.05.21

Rodek, H. G (1. Januar 2019). Showrunner, Writers' Room, Headwriter. https://www.welt.de/print/die_welt/literatur/article186585630/Showrunner-Writers-Room-Headwriter.html Abruf am 08.05.2021

Serienjunkies. (n.d). Writers' Room. Was bedeutet eigentlich Writers' Room? https://www.serienjunkies.de/glossar/writers-room.html Abruf am 01.06.2021

Script Angel Ltd. (n.d.). A Guide to Writers' Rooms and Showrunners https://scriptangel.com/guide-to-writers-rooms-and-showrunners Abruf am 01.06.2021

Schultze, T. (25. September 2019). Dennis Schanz und "Skylines": Zukunftsmodell Showrunner https://beta.blickpunktfilm.de/details/444044 Abruf am 18.05.21

Schwehm, M. O., & Voigt, M. (2012). Validierung und Erweiterung der Theorie des Managements kreativitätsintensiver Prozesse–eine Studie in der deutschen Fernsehindustrie. In *Management kreativitätsintensiver Prozesse* (S. 17-35). Springer, Berlin, Heidelberg.

Stahl, D. (2020). *Einsatzmöglichkeiten agiler Projektmanagementmethoden in der deutschen Spielfilmproduktion: eine theoretische Betrachtung.* (Bachelorarbeit). Hochschule Mittweida. MOnAMi – Hochschulschriften-server der Hochschule Mittweida. https://monami.hs-mittweida.de/frontdoor /index/index/searchtype/collection/id/20263/docId/12001/start/0/rows/10 Abruf am 18.05.21

Van Wyngaarden, E. (2019). Sprints statt Writers' Rooms: Wie agile Methoden die Stoffentwicklung beflügeln können, In: *Wendepunkt Nr. 44*, (S. 13-15).

Van Wyngaarden, E. (2018). *Digitale Formatentwicklung: nutzerorientierte Medien für die vernetzte Welt.* Herbert von Halem Verlag.

Waller, R. V. (3. März 2019). Agile Project Management for Writers. Late Last Night Books. https://latelastnightbooks.com/2019/03/03/agile-project-management-for-writers/ Abruf am 10.05.21

Weichbold, M. (2014). Pretest. In *Handbuch Methoden der empirischen Sozialforschung* (S. 299-304). Springer VS, Wiesbaden.

Welge, M. K., Al-Laham, A., & Eulerich, M. (2017). Begriffliche Abgrenzungen. In *Strategisches Management* (S. 17-25). Springer Gabler, Wiesbaden. DOI 10.1007/978-3-658-10648-5_3

Wendling, E. (2008). Praxis Film: Filmproduktion: Einführung in die Produktionsleitung.

Wirtz, B. W. (2006). Medien- und Internetmanagement (Vol. 5). Wiesbaden: Gabler.

Wolff J., Keck A., König A., Graf-Vlachy L., Menacher J. (2019). Künstliche Intelligenz: Strategische Herausforderungen für etablierte Unternehmen. In: Obermaier R. (eds) *Handbuch Industrie 4.0 und Digitale Transformation.* Springer Gabler, Wiesbaden. https://doi.org/10.1007/978-3-658-24576-4_21

Zollondz, H. D. (2013). *Grundlagen Lean Management: Einführung in Geschichte, Begriffe, Systeme, Techniken sowie Gestaltungs- und Implementierungsansätze eines modernen Managementparadigmas.* Walter de Gruyter.

5. Anhang

Anhang 1:

Die Rollen und Aufgabenbereiche der Akteure im Kontext von Scrum bzw. der Stoffentwicklung[20]

Aufgaben im agilen Projektmanagement bzw. der Stoffentwicklung	Agile	Autorenteams
• Beschäftigt sich mit der (Gesamt-)Vision und dem großen Ganzen. • Arbeitet mit Stakeholdern. • Entscheidet über Prioritäten und trifft Entscheidungen. • Hält das Team über Prioritäten auf dem Laufenden. • Arbeitet mit dem Backlog (Anforderungskatalog) und trifft zeitnah Entscheidungen. • Stellt Informationen zeitnah zur Verfügung.	• Product Owner (fachliche und inhaltliche Steuerung; aka Kunde vor Ort oder aktiver Stakeholder)	• Executive Producer • Showrunner (ist abhängig vom Team)
• Schaffen die richtige Arbeitsumgebung. • Sie entfernen "Blocker" und • arbeiten mit dem Product Owner zusammen, um die Vision zu verwirklichen. • Macher der visionären Paarung. •	• Delivery Manager / Scrum-Master, Problemlöser und Methodenspezialist). • Projektmanagement, aber keine technische Planung und Terminierung, da dies dem Team überlassen wird. • Arbeitet, um das Team einzustellen. • Verfügt über eine Vielzahl von praktischen Fähigkeiten, praktisch veranlagte Person.	• Co-Producer • Showrunner-Autoren • Assistent kann bei einigen Aufgaben auf niedrigerer Ebene helfen.
• Creator / Schöpfer •	• Content Designer, Entwickler	• Autoren (Story Editors, Staff Writers etc.)
• Recherchiert, was der Anwender braucht. • Identifiziert die Anwender	• User Researcher	• Assistent des Autors[21] • (wenn vom Autor gewünscht).
• Tests and optionale Aufgaben	• Team entwickelt dies selbst	• Team entwickelt dies selbst
• Spezialist wird für wichtige Teile hinzugezogen. •	• Technische oder Domain-experten mit speziellem technischem Wissen.	• Consulting Producer • (z.B. externer Berater)
• Tester	• Unabhängiges Testteam, User Researchers	• Externer Redakteur / Leser (z.B. Lektoren, Dramaturgen)
• Jeder, der ein in-/direkter Benutzer, Manager, Senior Manager, Mitarbeiter ist. • "Gold Owner", der das Projekt finanziert. • Repräsentanten des Kunden.	• Stakeholder (Investoren, Auftraggeber)	• Executive Producer, • Studio / TV-Sender • Streamingplattformen

---

20
     Diese Übersichtstabelle wurde in Anlehnung an Richardson (2018) erstellt, anhand Kuster (2019, S. 160) und Redvall (2014, S. 223) ergänzt. Sie zeigt die Parallelen zwischen der Struktur von agilen Teams und dem Writers' Room.
21
     Der Writers Assistant erfüllt u.a. Aufgaben wie Protokollführung, Recherchen, Materialbeschaffung, Korrespondenz (Merkel & Gößler 2019, S. 7).

Anmerkung der Redaktion: Anhang 2 wurde aus Datenschutzgründen entfernt.

Anhang 3:

Interviewleitfaden

1. Allgemeine Einführung:

- Begrüßung und Dank für die Bereitschaft zur Teilnahme am Gespräch.
- Kurze Vorstellung des Interviewers und des Untersuchungsprojektes.
- Erläuterung des Vorgehens mit Verweis zur Aufzeichnung des Interviews und Hinweis zur voraussichtlichen Dauer des Gesprächs.
- Der Gesprächseinstieg erfolgt über beruflichen Hintergrund, Film-/Fernsehprojekte o.ä.

<u>Falls erforderlich:</u>

- ○ Kurze Erklärung zur Anonymität und Datenschutz in Bezug auf Gesprächsaussagen und Informationen zur Weiterverarbeitung bzw. Nutzung der Daten.
- ○ Vorlage einer Einwilligungserklärung zur Veröffentlichung der Arbeit (ggf. wenn gewünscht / erforderlich mit Anonymisierung der interviewten Person / Firmenzugehörigkeit).

1.1 Thematische Einführung (statistische Daten und beruflicher Hintergrund zur Person)

- Altersangabe
- Geschlechtszugehörigkeit (m, w, d)
- Ausbildung und Beruflicher Werdegang
  - ○ Berufsausbildung bzw. Erwerb der beruflichen Fähigkeiten
  - ○ Studium o.ä.
  - ○ Berufliche Stationen

- Unternehmenszugehörigkeit bzw. Verbundenheit mit einem / mehreren Unternehmen
  - ○ bei Festanstellung Name des Unternehmens und Angabe zur Anzahl der Mitarbeiter
  - ○ Anzahl der (eigenen) Produktionen / Projekte pro Jahr
  - ○ Wenn der Interviewpartner freischaffend tätig ist, werden die Funktion(en) erfragt, die dieser regelmäßig ausübt.

1.2 Themenkomplex: Showrunner

1. Wie lange sind Sie als Showrunner (SR) / Executive Producer (EP) / Produzent (P) / Geschäftsführer (GF) tätig?

2. Wie viele Projekte betreuen Sie in ihrer Funktion als SR / P / EP / GF? pro Jahr?

3. Welche Fähigkeiten sollte ein Showrunner mitbringen?

4. Welche Verantwortlichkeiten haben Sie / bzw. hat ein Showrunner?

Optionale Fragen: Sofern es nicht vom Gesprächspartner selbst angesprochen wird:

4a) Wie erfolgt die Besetzung von Cast (Hauptrollen) und Crew (jeweilige Abteilungsleitung)?

4b) Wie erfolgt die Auswahl der Autoren für den Writers' Room?

4c) In welchem Umfang besteht eine Budgetverantwortung?

5. Was sehen Sie als Ihre Aufgabe(n) / die Aufgabe(n) eines Showrunners an?

6. Auf welcher Hierarchieebene ordnen Sie den Showrunner in der Managementstruktur eines Filmproduktionsunternehmens ein?

1.2.1 Optionale Frage für Produzenten und Geschäftsführer

6a) Nach welchen Kriterien erfolgt die Auswahl bzw. Besetzung eines Showrunners?

Wenn der Interviewpartner als Produzent und / oder Geschäftsführer tätig ist und nicht als Showrunner bzw. nicht bei allen seinen Projekten als solcher agiert.

1.3 Themenkomplex: Writers' Room – Allgemein

7. Arbeiten Sie in der Stoffentwicklung normalerweise mit einem Writers' Room?

8. Welche Formate sind für die Arbeit im Writers' Room besser geeignet sind als andere? (Bitte begründen Sie ihre Einschätzung z.B. Genre, Thema, ...)

9. Welche Vorteile bietet die Arbeit im Writers' Room?
   Wenn ja, welche?

10. Hat die Arbeit im Writers Room Ihrer Auffassung nach Nachteile?
    Wenn ja, welche?

11. Welche Rolle spielt / spielen der / die Auftraggeber bzw. Abnehmer bei der Entscheidung für oder gegen die Stoffentwicklung in einem Writers' Room?

12. Welche Rolle spielen finanzielle Gründe für die Entscheidung für oder gegen die Entscheidung der Arbeit mit einem Writers' Room?

13. Welche Größe sollte Ihrer Meinung nach ein Writers' Room haben?

1.4 Themenkomplex: Writers' Room – Agile Prozesse und Arbeitsweisen

14. Wie organisiert sich der Writers' Room?

Optionale Fragen:
14a) Welche Hierarchien gibt es im Writers' Room?
14b) Welche Vorgaben gibt es für die Mitglieder / Autoren im Writers' Room?

15. Beschreiben Sie bitte die Arbeitsweise in einem / ihrem Writers' Room?
Schlagwörter: Agiles Arbeiten, Kollaboration, Feedbackschleifen, Austausch ...

16. Wer entscheidet, welche Idee(n) aus dem Writers' Room verwendet werden?

17. Welche Probleme können sich bei der Arbeit in einem Writers' Room ergeben?

1.5 Themenkomplex: Strategische Aspekte – Hintergründe und weiterführende Fragen

18. Warum setzen Sie einen Writers' Room zur Stoff-/Drehbuchentwicklung ein?

19. Welche Veränderungen sehen Sie durch die Arbeit mit einem Writers' Room?
Schlagwörter: Innovation, Effizienz, Kollaboration, Austausch, Feedbackschleife, etc.

20. Welche Arbeitsprozesse (außerhalb der Stoffentwicklung) beeinflusst der Einsatz eines Writers' Rooms?

21. Fallen Ihnen hinsichtlich des Einsatzes von agilen Arbeitsmethoden im Stoffentwicklungsprozess noch Punkte ein, die wird noch nicht besprochen haben?

1.6 Abschluss des Interviews

22. Gibt es von Ihrer Seite noch einen Aspekt bzw. etwas das Ihnen am Herzen liegt und noch nicht angesprochen wurde und zu dem Sie etwas sagen möchten?

Optionale Fragen:
22a) Wenn Sie sich etwas für die Zukunft in ihrer Branche wünschen könnten, was wäre dies?
22b) Kennen Sie einen / mehrere Interviewpartner, die zur Teilnahme an der Befragung bereit wären?

Vielen Dank, dass Sie sich für das Gespräch Zeit genommen haben.

BEI GRIN MACHT SICH IHR
WISSEN BEZAHLT

- Wir veröffentlichen Ihre Hausarbeit,
  Bachelor- und Masterarbeit

- Ihr eigenes eBook und Buch -
  weltweit in allen wichtigen Shops

- Verdienen Sie an jedem Verkauf

Jetzt bei www.GRIN.com hochladen
und kostenlos publizieren